ARMES & FERS

COLLECTION DE CLEFS

OBJETS D'ART

DE LA RENAISSANCE

CURIOSITÉS DIVERSES

APPARTENANT A M. X.

EXPOSITION PUBLIQUE

LE VENDREDI 11 DÉCEMBRE 1885

de 1 heure à 5 heures.

COMMISSAIRE-PRISEUR	EXPERT
Mᶜ PAUL CHEVALLIER	**M. CHARLES MANNHEIM**
10, rue Grange-Batelière	7, rue Saint-Georges.

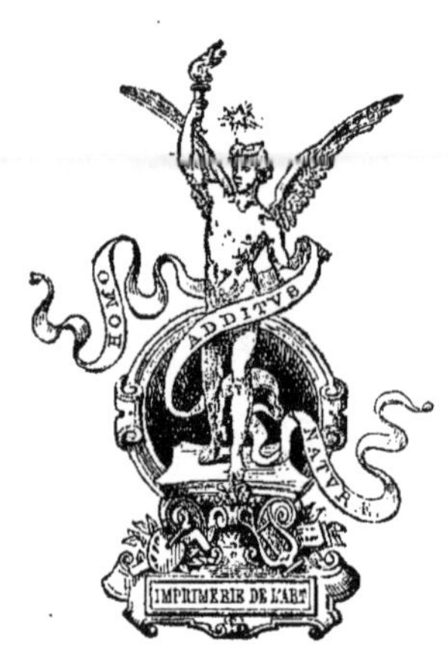
HOMO
ADDITVS
NATVRÆ
IMPRIMERIE DE L'ART

CATALOGUE

DES

ARMES ET FERS

Beau couteau de chasse du xviiᵉ siècle à poignée ciselée
et plaquée d'or
Épées des xviᵉ et xviiᵉ et autres
Arquebuse et Pistolets incrustés d'ivoire; Hallebarde
Esponton; Pulvérin en corne de cerf sculptée
Poudrière Renaissance en cuivre finement gravé et repercé
Platines de fusils des xviiᵉ et xviiiᵉ siècles

Collection de Clefs de diverses époques

Serrures du xviᵉ siècle; Objets variés en fer

OBJETS D'ART

DE LA RENAISSANCE

Émaux de Limoges; Bronzes; Cuivres; Bassin arabe
Orfèvrerie; Bijoux; Monnaies grecques
Tapisserie; Cuirs; Curiosités diverses; Objets d'ameublement
Cartel Louis XVI

Le tout appartenant à M. X.

ET DONT LA VENTE AURA LIEU

HOTEL DROUOT, SALLE Nᵒ 5

Le Samedi 12 Décembre 1885

A 2 HEURES

Par le Ministère de Mᵉ Paul CHEVALLIER, commissaire-priseur,
10, rue de la Grange-Batelière, 10

Assisté de M. Charles MANNHEIM, expert,
7, rue Saint-Georges, 7

EXPOSITION PUBLIQUE : Le Vendredi 11 Décembre 1885

DE 1 HEURE A 5 HEURES

CONDITIONS DE LA VENTE

La vente aura lieu expressément au comptant.

Les acquéreurs payeront en sus des enchères *cinq pour cent* applicables aux frais.

L'exposition mettant le public à même de se rendre compte de l'état des objets, il ne sera admis aucune réclamation une fois l'adjudication prononcée.

Paris — Imprimerie de l'Art. E. Ménard et J. Augry,
41, rue de la Victoire, 41.

DÉSIGNATION DES OBJETS

ARMES

1 — Très beau couteau de chasse du xviiie siècle, à poignée ciselée et décorée de figures allégoriques, de guirlandes, de coquilles et de rocailles ressortant en relief sur un fond amati et doré. Jolie pièce d'un remarquable travail de ciselure et d'un goût délicat d'ornementation.

2 — Jolie épée de cour du xviiie siècle, à poignée et double coquille entièrement ciselée et décorée de scènes pastorales et galantes se détachant en relief sur amati doré. Lame triangulaire à talon bleui, relevé d'ornements gravés et dorés.

3 — Épée du xviie siècle, à poignée et coquille ciselées et décorées de cavaliers combattant

et de cariatides. Fusée plaquée d'écaille et lame à quatre pans, gravée à ornements et inscriptions.

4 — Petit modèle d'armure complète (0ᵐ,40 de hauteur) à épaulières et tassettes cloutées de cuivre.

5 — Autre petite armure complète (0ᵐ,35 de hauteur), montée sur un mannequin de peau; celle-ci est de fabrication moderne.

6 — Belle épée à longue lame, portant dans la gorge d'évidement l'inscription : IOHANNIS HENCKELS ME FECIT SALINGEN. La poignée en fer est enrichie de damasquine d'or: médaillons-bustes, entrelacs, rinceaux, imbrications, etc.

7 — Épée à pommeau ovoïde, décoré de médaillons à figures, et garde symétrique à double coquille ornée de feuillages ajourés, quillons courbés en volute en sens inverse.

8 — Épée à pommeau ovoïde, quillons droits, garde et contre-garde, décorés d'incrustations

d'argent. Lame à gorge d'évidement au talon,
portant le nom : Gonzolo Simon.

9 — Rapière italienne à corbeille repercée à
jour, pommeau ovoïde ciselé à feuillages,
quillons droits et branche de garde unis.

10 — Épée à pommeau ovoïde, garde et quillons
courbes en sens inverse, décorés en damasquine d'or et d'argent, de médaillons, d'attributs guerriers et de points inscrits dans un
treillis.

11 — Épée à double garde et quillons figurés
par des dauphins, fusée enveloppée de cor-
delettes détachées et pommeau en forme de
couronne fleuronnée, accostée de dauphins.

12 — Épée à pommeau en amande et écusson
côtelés, quillons courbés en volutes vers la
pointe, et coquille ajourée, à petits trous circulaires et quatre lobes.

13 — Épée du xviiie siècle, à poignée décorée
d'attributs guerriers et de rocailles se détachant sur fond doré.

14 — Petite épée Louis XIV, à garde et coquille
décorées de figures et d'ornements, et à lame
gravée.

15 — Petite épée à lame gravée et à ornements
dorés au talon, pommeau et quillons droits
gravés à feuillages et sillons ondulés.

16 — Petite épée à poignée décorée de lions en
ronde-bosse.

17 — Petite arquebuse de chasse à rouet, du
xviie siècle, le bois décoré de jolies incrustations de nacre et d'ivoire, rosaces et arabesques. Travail allemand.

18 — Curieux pistolet-marteau d'armes du
xviie siècle, de forme droite, à canon gravé
et à monture en bois couverte d'incrustations
de nacre et d'os gravé figurant des animaux,
des fleurons et des arabesques déliées; à l'ex-
trémité du canon, est adaptée une petite
hache formée d'un dragon tenant un fleuron
dans la gueule.

19 — Paire de pistolets saxons à rouet, du
xviie siècle; la monture en bois et le pom-

meau piriforme à pans sont couverts de jolies incrustations en os gravé ; animaux, guirlandes de fruits et de feuillage, mascaron, etc.

20 — Pistolet à pierre de PIERO INZI FRANCI, à monture décorée de jolies arabesques fleuronnées, en fer incrusté et gravé ; sous-garde en fer ciselé.

21 — Beau pistolet du XVIIe siècle, de PAULUS STAIER, à canon, pommeau, batterie, sous-garde, etc., en fer ciselé, à décor de sujets de chasse, de mascarons, de feuillages, d'armoirie.

22 — Poudrière Renaissance, s'élargissant vers la base, composée de plaques de cuivre gravé et doré, décorées de figures mythologiques, de vases, d'animaux et de rinceaux, et appliquées sur fond de velours.

23 — Poudrière de forme ovale, en ivoire sculpté, décorée sur les deux faces de médaillons circulaires à sujets de chasse et, au pourtour, d'un entremêlement de chiens, de chevaux et d'animaux féroces.

24 — Autre poudrière en ivoire sculpté et d'une ornementation analogue; celle-ci est incomplète.

25 — Poire à poudre en corne de cerf très finement sculptée en bas-relief et décorée, sur une face, d'une chasse au cerf et, sur l'autre, d'une chasse au sanglier. Beau travail de l'époque Louis XV.

26 — Pulvérin formé de deux coquilles de nacre montées en argent gravé.

27 — Deux petites défenses en ivoire gravé, l'une servant de poudrière, l'autre de sifflet.

28 — Poudrière formée d'une corne garnie de rosaces et d'une monture en cuivre gravé et doré.

29 — Beau canon de pistolet du xviie siècle, le bas ciselé à gerbes de fleurs en relief sur fond doré; le haut à médaillons et ornements dorés sur fond bleu.

3o — Couteau à poignée de fer incrusté d'or, à bouquets et feuillages en festons.

3 1 — Poignard à petits quillons têtes de dauphins, fusée ajourée à armoirie et pommeau
formé d'un armet.

32 — Très belle platine de fusil à pierre, ciselée
à figures et ornements; les mâchoires du
chien sont portées par une sirène en ronde-
bosse, dont la queue se replie autour d'une
tête de dragon. La batterie est ornée d'une
figurine d'enfant et la plaque de platine d'un
cartel chargé d'une sphère, accosté de deux
enfants et portant l'inscription : VNDIQVE
MAGNVS. Cette jolie pièce est signée PETRVS
ANCINVS REGIENSIS. F. M. D. C. XXXXIII.

33 — Platine de fusil à pierre ciselée et gravée,
le chien et la batterie sont décorés de figu-
rines en ronde-bosse.

34 — Autre en fer ciselé à figures et ornements,
portant le nom de FRANTZ STVBLANITZA RASTAD.

35 — Autre de l'époque Louis XV, ciselée et
dorée, au nom de B. VIGNIAT A ST-ÉTIENNE.

36 — Deux platines : l'une à rouet, l'autre à
pierre.

37 — Jolie coquille d'épée de cour, quadrilobée,
ciselée à jour et décorée de chiens chassant
au sanglier. Époque Louis XV.

38 — Trois pièces : Sous-garde, calotte de pistolet et mire, en acier ciselé et ajouré.

39 — Très petit modèle de pistolet à pierre.

40 — Pistolet à pierre, à monture incrustée de
cuivre à décor d'entrelacs et d'ornements de
caractère oriental.

41 — Petit pistolet à pierre ; le bois sculpté, le
canon à pans dans la moitié de sa lon-
gueur.

42 — Épée à lame portant une inscription en
caractères hébraïques ; poignée ajourée et
enrichie de grenats.

43 — Poignard à poignée d'ivoire sculpté, et
représentant un lion combattant un ser-
pent.

44 — Bouclier en fer gravé et à décor de guer-

riers, de cavaliers, etc., ressortant sur fond doré. Travail moderne.

45 — Bouclier en fer gravé, à décor de personnages et d'arabesques. Travail moderne.

46 — Cuirasse à bandes d'ornements gravés, alternant avec des bandes unies.

47 — Hallebarde à ailerons, composée d'animaux chimériques; elle se termine par une longue pointe quadrangulaire.

48 — Autre, à hampe garnie de velours.

49 — Esponton en fer ciselé et damasquiné or et argent; le fer supporté par un mascaron tête de guerrier accosté de deux serpents; hampe garnie de velours.

50 — Arc et flèches.

51 — Statuette de héraut d'armes en bronze.

52 — Une cotte de mailles.

OBJETS EN FER

53 — Jolie serrure, rectangulaire, en fer de la fin du XVIe siècle; l'entrée abritée sous une porte à colonnettes détachées, en ressaut sur des parties ajourées. Elle est accompagnée de sa clef, complètement ajourée, à rosace et rinceaux.

54 — Grosse clef à canon triangulaire et tête formée d'un éléphant en ronde-bosse, portant une tour au sommet de laquelle se trouve un personnage vu à mi-corps.

55 — Clef-pistolet.

56 — Grosse clef à canon foré, panneton ajouré et tête formée d'un mascaron chimérique, couronné et accosté de rinceaux feuillagés. XVIIe siècle.

57 — Clef à tête circulaire finement ajourée, se composant d'une croix de Malte encadrée d'un zig-zag.

58 — Jolie clef de l'époque Louis XIV, finement ciselée et ajourée, la tête formée d'une double armoirie couronnée et encadrée de rinceaux et de draperies.

59 — Petite clef de même époque, à tête formée de deux rinceaux feuillagés, réunis à leur base et à leur sommet.

60 — Jolie petite clef du xviiie siècle, à canon couvert de points en relief et à tête ajourée, se composant de motifs à fleurons et à rinceaux finement ciselés.

61 — Clef à canon, terminée par des feuilles d'acanthe sur lesquelles s'appuie la tête, en forme de feuille, à ornements gravés.

62 — Clef à canon triangulaire et à tête composée de deux dauphins affrontés, tenant une boule dans leur gueule. xvie siècle.

63 — Clef à tête composée de bourgeons épanouis soudés en bas et en haut.

64 — Clef du xviie siècle, à tête ajourée, chargée d'un chiffre composé des lettres D. M.

65 — Clef du xviii siècle, à tête ajourée, composée de rinceaux et de rocailles.

66 — Clef de même époque, à canon côtelé et
tête ajourée, à rinceaux et quatre lobes.

67 — Clef Louis XIV, à canon cannelé et tête
formée de rinceaux et de perlettes.

68 — Clef à tête dorée, formée d'un chiffre couronné et placé entre deux chimères adossées.

69 — Passe-partout du temps de Louis XVI, en
acier ciselé.

70 — Quarante-sept clefs des xvi, xvii et
xviii siècles seront vendues séparément par
lots sous ce numéro.

71 — Entrée de serrure et sa clef en fer à panneton découpé. xvi siècle.

72 — Deux paires de ciseaux gravés et découpés
à jour.

73 — Couteau et fourchette pliants à manches
en écaille et argent. Époque Louis XIII.

74 — Serrure en cuivre gravé à ornements et
festons de fleurs. Elle porte les noms de :
Hermanus Kocks, 1772.

75 — Cachet formé d'une figurine de paladin
combattant, en fer finement ciselé et incrusté
d'or.

76 — Tire-bouchon formant cachet, en fer ciselé
à décor de feuillages. Époque Louis XIV.

77 — Drageoir octogone à décor de feuillages et
enroulements ciselés et découpés à jour.
Époque Louis XIII.

78 — Agrafe à feuillages et têtes de chimères
ciselés. xviie siècle.

79 — Étui à pans en fer gravé et doré en partie
et formant cachet.

80 — Cachet-breloque et tourne-vis en fer.

81 — Boîte ovale : d'un côté, une scène de buveurs flamands ; de l'autre, nymphe surprise par un satyre.

82 — Sécateur allemand du xviiie siècle, en fer gravé à figures et incriptions avec la date 1741.

83 — Petite pince ou précelle.

84 — Porte-pelle et pincettes et dévidoir de poupée.

85 — Petit brazero.

86 — Deux plaques en fer repoussé du xvie siècle et représentant Mars, Vénus et l'Amour.

87 — Plaque rectangulaire représentant le bain de Diane.

88 — Statuette de guerrier debout, rehaussée d'ornements dorés.

89 — Coupe-bétel en fer gravé et doré à décor d'arabesques, dragons, etc.

OBJETS D'ART ET DE CURIOSITÉ

90 — Émail de Limoges du xvie siècle. Plaque rectangulaire en hauteur, cintrée à sa partie supérieure et représentant le Christ présenté au peuple; les costumes et l'architecture en émaux de couleur à rehauts d'or, les carnations en grisaille; cette plaque porte les initiales M. R.

91 — Salière prismatique hexagone en émail de Limoges du xvie siècle, à cavités circulaires, dessus et dessous, décorées chacune d'un buste posé de profil et encadré d'une guirlande de fleurs. Les pans de la salière sont ornés chacun d'une figure allégorique d'enfant, peinte en grisaille teintée sur fond noir et relevée de dorure.

92 — Baiser de paix en cuivre ciselé, doré et émaillé, représentant le groupe de la Vierge avec l'Enfant, placé sous une arcade à plein cintre, supportée par deux pilastres. Espagne, xvie siècle.

93 — Plaque à bords lobés en cuivre champlevé

et émaillé, représentant le Christ assis, nimbé,
les mains élevées et entouré de rinceaux fleuronnés. xiiie siècle.

94 — Boite cylindrique à couvercle fixé par une
armature à charnière et fermant à moraillon;
bronze gravé à motifs de rosaces et d'entrelacs. Ancien travail oriental.

95 — Bassin arabe du xve siècle, en cuivre gravé
d'une riche ornementation rehaussée d'incrustations d'argent, consistant principale-
ment en une bande à inscription, interrompue
par trois médaillons contenant un calice.

96 — Fragment d'une crosse (la douille et le
nœud) en bronze ciselé, gravé et doré de la
fin du xvie siècle.

97 — Flambeau en argent du temps de Louis XV,
à motifs de fleurs et d'ornements rocailles en
relief.

98 — Buire cylindrique en argent, à pied, à anse
et à bec, décorée d'une ceinture médiane gravée à entrelacs. Sous le bec s'appuie un mascaron, tête chimérique. Espagne, xviie siècle.

99 — Haut-relief en bois sculpté, peint et doré,
représentant la Nativité. xviie siècle.

100 — Ceinture en argent du xvie siècle, composée de maillons fleuronnés, réunis par des
anneaux ovales, et de quatre plaquettes rec-
tangulaires à figures, fruits et rinceaux.

101 — Deux flambeaux Renaissance, en cuivre,
la tige formée d'une colonne cannelée à chapiteau supportant le binet.

102 — Un flambeau français du xvie siècle, en
cuivre à tige carrée, cannelée et à pied quadrangulaire.

103 — Flambeau du xvie siècle, en cuivre, à
deux lumières, portées à bout de bras par un
personnage en costume François Ier.

104 — Petit bas-relief rectangulaire en bronze
représentant une bacchanale d'enfants, dans
le style de François Flamand.

105 — Figure de satyre agenouillé, provenant
d'un flambeau, bronze italien de la Renaissance, à patine noire.

106 — Figurine d'enfant debout, bronze antique.

107 — Coffret rectangulaire en ivoire gravé et à compartiments ajourés.

108 — Monstrance gothique en cuivre doré, montée sur un pied hexagonal à nœud et terminée par un clocheton ajouré.

109 — Deux mascarons mufles de lions feuillagés en bronze.

110 — Deux pieds de cabinet, formés de lions ciselés en bronze doré du xvie siècle.

111 — Reliquaire en bronze : buste de Grégoire XIII, coiffé de la tiare, portant sur la poitrine un Christ en croix entre deux casiers à reliques. xvie siècle.

112 — Satyre dansant et tenant un flambeau, bronze italien du xvie siècle.

113 — Statuette de Vénus couchée, bronze à patine brune du xviie siècle.

114 — Aquamanile en forme d'animal, en bronze.

115 — Coffret gothique rectangulaire en cuir gravé, avec serrure et ferrures ouvragées.

116 — Maquette en terre cuite, groupe représentant l'Enlèvement de Déjanire. xviiie siècle.

117 — Deux coquilles peintes, représentant un roi et une reine, signées : Pauli Cavallero.

118 — Olifant en ivoire sculpté, à figures, armoirie et inscriptions. Travail moderne.

119 — Bague juive en or ciselé, composée d'un anneau à rinceaux ajourés et d'un chaton en forme de tabernacle, flanqué de colonnettes et surmonté de pinacles.

120 — Autre bague en or, d'une forme analogue.

121 — Trois bagues en or à ornements filigranés et fleurons quadrilobés en émail.

122 — Trois bagues en argent doré du XVIᵉ siècle, enrichies de pierres de couleurs.

123 — Lot de monnaies grecques en argent.

124 — Burette en verre de Venise, à panse sphérique filigranée blanc, à col tordu en torsade et à orifice trilobé.

125 — Cartel en bronze ciselé et doré, de l'époque Louis XVI ; modèle à vases et guirlandes de laurier.

126 — Colonne en bois, décorée de cannelures en spirales et à chapiteau composite.

127 — Deux colonnes en bois, couvertes de moulures en chevrons.

128 — Miroir Louis XIII, à cadre sculpté, peint et doré, décoré de têtes d'enfants.

129 — Petit miroir italien dans un cadre à rinceaux, sculpté et doré.

130 — Vitrine de milieu, à moulures noires, ornée d'incrustations de nacre et d'appliques en

bronze. Elle repose sur une table à quatre
pieds cannelés et à deux piliers tors reliés
par une rangée d'arcades.

131 — Fontaine d'ancienne faïence italienne,
décorée en émaux bleu et jaune et en forme
de petit monument à arcades surmontées
d'une galerie.

132 — Deux plats en faïence émaillée.

133 — Plat en faïence décorée à froid, sujet reli-
gieux.

134 — Tapisserie du xve siècle, représentant des
fleurs et de grosses plantes où se jouent des
animaux chimériques. Bordure sur trois
côtés, formée d'une guirlande de fleurs et de
fruits.

135 — Grande portière d'ancien velours à des-
sins marron en relief sur tissu jaune.

136 — Cuir gaufré, peint et doré ; lot de cuir
espagnol du xvie siècle, motif à grosse palme,
encadré de montants à trois colonnes feuil-
lagées et surmontées d'une couronne.

www.ingramcontent.com/pod-product-compliance
Ingram Content Group UK Ltd.
Pitfield, Milton Keynes, MK11 3LW, UK
UKHW022343170726
13837UKWH00005BA/2374